DÉGAGE MARINE !

Dépôt légal : janvier 2014
Numéro d'édition : 60
ISBN : 978-2-35766-071-7
Imprimé en France par Clerc

CABU • CATHERINE • CHARB • HONORÉ
JUL • LUZ • RISS • WILLEM

DÉGAGE MARINE !

LES ÉCHAPPÉS
CHARLIE HEBDO

L'HOMME DE L'ANNÉE

FAIS ATTENTION, MARINE, À NE PAS DEVENIR TROP FRÉQUENTABLE.

LE CORDON SANITAIRE SAUTE

Les Boches, quand il y en a un, ça va. C'est quand il y en a beaucoup qu'il y a des problèmes

LES CONTORSIONNISTES
cabu

ATTENTION AUX JOUETS TOXIQUES !
CATHERINE

NON À L'OCCUPATION!
UN APPEL À LA RÉSISTANCE! T'ES ZINZIN, MARINE!
cabu

REPORTAGE ÉTUDIANTS ANGLAIS, NO FUTURE ! P. 2
15 DÉCEMBRE 2010 / N° 965 / 2,50 €
CHARLIE HEBDO
HORS-SÉRIE
CHARLIE HEBDO
RÉTROCOMMISSIONS
LES BALLADURIENS AUX POCHES PLEINES
P. 5
ÉCOLOGIE
TRI DES DÉCHETS BANCAIRES P. 7
POLICIERS CONDAMNÉS
HORTEFEUX DÉFEND LES DÉLINQUANTS P. 3
CINÉMA
NOS PLUS BELLES ANNÉES FRÊCHE
P. 15
ILS NE SE CACHENT PLUS !
MARINE LE PEN COUCHE
AVEC LES IDÉES DE SON PÈRE
LUZ
T 05777 - 965 - F: 2,50 €

APRÈS L'ÉPISODE NEIGEUX, PRÉPARONS-NOUS À L'ÉPISODE MERDEUX
CATHERINE

MARINE 2012
JE VOUS FERAI PASSER LE GOÛT DES BLAGUES SUR LES BLONDES !
CATHERINE

LE VOLEUR DE SACS DU MÉTRO IDENTIFIÉ :
PAS SI VITE, MON BONHOMME !
FRONT NATIONAL

LA WALKYRIE
50% DE MATIÈRE GRASSE
cabu

MARINE LE PEN FAIT MOINS PEUR QUE SON PÈRE
QUAND JE SERAI GRANDE, JE SERAI PRÉSIDENTE DE LA RÉPUBLIQUE !
CATHERINE

MEDIATOR : LA FEMME DE DOUSTE-BLAZY EMPLOYÉE DE SERVIER P. 2

19 JANVIER 2011 / N° 970 / 2,50 €

CHARLIE HEBDO

HORS-SÉRIE CHARLIE HEBDO

TUNISIE
QUOI ? LES ARABES AIMENT LA DÉMOCRATIE ? P. 3

LAÏCITÉ
NOS IMPÔTS RETAPENT DES ÉGLISES EN ALGÉRIE P. 11

ZEMMOUR
DIT TOUT HAUT CE QUE LE PEN PENSE TOUT HAUT P. 5

TOURS
LE PEN REMPLACE LE PEN P. 8

N° 970 • FRANCE MÉTROPOLITAINE : 2,50 € / DOM : 3,50 € / TOM : 660 F CFP / BEL : 2,80 € / CH : 5 FS / CAN : 5,45 $C / LUX : 2,80 €

T 05777 - 970 - F: 2,50 €

BEN ALI
EN FUITE
C'EST TOUJOURS LES MEILLEURS ARABES QUI PARTENT EN PREMIER !
CATHERINE

TORCHES HUMAINES :
ÇA SUFFIT !
Jul

POURQUOI MARINE LE PEN PLAÎT AUX FRANÇAIS :
MARINE, C'EST "L'INHUMANITÉ À VISAGE HUMAIN"

TUNISIE, ÉGYPTE
LES ARABES AU POUVOIR !
JAMAIS !
-RISS-

NOS JUIFS NE SONT PLUS EN SÉCURITÉ À CAUSE DE NOS ARABES !
LE NOUVEAU FN

SONDAGE CHARLIE
2e TOUR 2012
LE PEN
JEAN-MARIE
CONTRE
LE PEN
MARINE
J'HÉSITE
-RISS-

UN JOUR, TU SERAS À MA PLACE, ET LES FRANÇAIS À LA TIENNE!
cabu

LA COTE DE MARINE LE PEN GRIMPE DE PLUSIEURS POINTS
... DE DÉTAIL
clic clic
CATHERINE

LAÏCITÉ NON AUX RELIGIONS D'ÉTAT ! P. 2

9 MARS 2011 / N° 977 / 2,50 €

CHARLIE HEBDO

ESSAIS NUCLÉAIRES
MURUROA, LE VRAI PROCÈS DE CHIRAC
ÉLÉMENTS À CHARGE P. 5

RÉFORME DE LA PSYCHIATRIE
GARDE À VUE MÉDICALE
COUP DE GUEULE P. 7

IDENTITÉ ET TERROIR
EXTRÊME DROITE ÉQUITABLE ET FACHOS ALTER
ENQUÊTE P. 8

N° 977 • FRANCE MÉTROPOLITAINE : 2,50 € / DOM : 3,50 € / TOM : 650F CFP / BEL : 2,80 € / CH : 5 FS / CAN : 5,45 $C / LUX : 2,80 €

M 05777 - 977 - F: 2,50 €

MARINE LE PEN
COUGAR
DU FN
JEUNES UMP, VENEZ VOUS FAIRE DÉPUCELER
LUZ

COPÉ RASSURE...
L'EXTRÊME DROITE FRANÇAISE EST LA PLUS SÛRE DU MONDE!
CHARB.

COUP DE GUEULE : CAVANNA
DÉBAPTISE LE COLLÈGE CAVANNA
NUMÉRO SPÉCIAL
RADIOACTIF
CHARLIE HEBDO
23 MARS 2011 / N° 979 / 2,50 €
GUERRE !
FN
UMP
IL BOMBARDE LE
FRONT RÉPUBLICAIN
cabu
M 05777 - 979 - F: 2,50 €

LE FN
S'ENRACINE
LUZ

RECRUDESCENCE DE PIGEONS DANS LES VILLES
ILS ENVAHISSENT NOS TROTTOIRS À L'HEURE DE LA PRIÈRE !
FN
LUZ

Cantonales. Deux élus FN
Nous avons plus que doublé le nombre de nos élus !
HONORÉ

CANTONALES : 2 ÉLUS DU FN
QUI DEVRONT GÉRER LES RONDS-POINTS

FASHION WEEK
ON DÉSHABILLE PIERRE POUR HABILLER PAUL
CATHERINE

MARINE ?... PAS ASSEZ DE NATIONAL MAIS TROP DE SOCIALISME
CANTONALES
SEULEMENT
2 ÉLUS
FN
Cabu

MARINE LE PEN
QUAND JE PENSE QU'À TA NAISSANCE J'AI HÉSITÉ SUR TON PRÉNOM...
...HEUREUSEMENT, PAPA, PARCE QUE GEORGETTE OU GERMAINE LE PEN ÇA MARCHERAIT MOINS BIEN...
EMPLOI
AFFAIRES
INSÉCURITÉ
EUROPE
ISLAM
2012
ALLEZ! UN PETIT COCKTAIL POUR LA ROUTE!

EN LIBYE ON VEUT LA DÉMOCRATIE ...
EN LEPÉNIE ON VEUT LA DÉTRUIRE
MARINE PRÉSIDENTE
ILS FONT LE LIT DU FN ...
MINISTRE
FN
...EN PORTEFEUILLE
cabu

«Vive le Pen!» C'est le titre du livre de Ménard
Toi, t'es vraiment un reporter sans frontières idéologiques!
HONORÉ

LES DAMNÉS DE LA TERRE VOTENT...
..."LES DAMNÉS"
cabu

GUÉANT, L'ARBRE QUI CACHE LA FORÊT

MARIAGE PRINCIER
L'UN DE NOUS FINIRA DANS LE POTEAU EN 2012 ...
CATHERINE

LES OUVRIERS VOTENT PLUTÔT FN
C'EST COMME UN TAUREAU QUI VOTE TORERO
LUZ

ALORS LE VILAIN CRAPAUD SE CHANGEA EN UNE JOLIE FÉE...
cabu

ENQUÊTE SARKOZY CONFOND DIPLOMATIE ET GOURMANDISE P. 2

27 AVRIL 2011 / N° 984 / 2,50 €

CHARLIE HEBDO

HORS-SÉRIE
CHARLIE HEBDO
Le féminisme est l'avenir de l'homme

GAZ DE SCHISTE
LE RAPPORT QUI NOUS FORE JUSQU'À L'OS P. 5

LAÏCITÉ
L'ESPAGNE RESSUSCITE LE DÉLIT DE BLASPHÈME P. 11

FUKUSHIMA
LES RATÉS DU FLIC NUCLÉAIRE P. 7

CÔTE D'IVOIRE
L'APRÈS-HOUPHOUËT COMMENCE MAINTENANT P. 8

MARINE LE PEN DÉDIABOLISE LE FN

N° 984 • FRANCE MÉTROPOLITAINE : 2,50€ / DOM : 2,50 € / TOM : 660 F CFP / BEL : 2,80 € / CH : 5 FS / CAN : 5,45 $C / LUX : 2,80 € / TUNISIE : 2 DINARS

M 05777 - 984 - F: 2,50 €

MARINE LE PEN NE VEUT PLUS DE SKINS AU FN
J'AI HONTE QUAND PAPA VIENT ME CHERCHER À L'ÉCOLE...
LUZ

GUÉANT:
JAMAIS SANS
MON PROMPTEUR
cabu

PLUTÔT LES CLASSES MOYENNES QUE LES CLASSES POPULAIRES ...
BON! MOI JE PRENDS LES DEUX!
F N
cabu

JE T'AI CÉDÉ LE PAS-DE-PORTE, MAIS PAS MON FONDS DE COMMERCE

Pour Le Pen, Marine a les mêmes opinions que lui
Les bergers allemands ne font pas des chats !
HONORÉ

APRÈS LA TUERIE DE NORVÈGE
LE FN BLANCHI
UN BORGNE N'AURAIT PAS PU VISER AUSSI BIEN.
RISS

REPORTAGE LE SAMUSOCIAL À LA RUE P. 2

27 JUILLET 2011 / N° 997 / 2,50 €

CHARLIE HEBDO

www.charliehebdo.fr

NORVÈGE
LE FASCISME NUIT GRAVEMENT À LA SANTÉ P. 11

EXIL FISCAL
ET SI TAPIE VISAIT LA BELGIQUE… P. 9

NUCLÉAIRE
LE VRAI BILAN DE FUKUSHIMA P. 7

ÉGYPTE
LA PLACE TAHRIR CONTRE L'ÉTAT D'URGENCE P. 8

N° 997 • FRANCE MÉTROPOLITAINE : 2,50 € / DOM : 3,50 € / TOM : 660F CFP / BEL : 2,80 € / CH : 5 FS / CAN : 5,45 $C / LUX : 2,86 € / TUNISIE : 2 DINARS

M 05777 - 997 - F: 2,50 €

LE PEN CHUTE DANS LES SONDAGES
MON NOUVEAU LOOK NE PLAÎT PAS ...
CHARB.

MARINE LE PEN
À RUNGIS
À LA RENCONTRE DE
SES ÉLECTEURS
CATHERINE

MARINE LE PEN RATE LE PRIX NOBEL DE LA PAIX
Y'EN A MARRE DE CES NOIRES ET DE CES ARABES QUI VIENNENT NOUS PIQUER NOS PRIX NOBEL !
RISS

MARINE LE PEN DÉVOILE LE PROGRAMME ÉCONOMIQUE DU FN
LA TVA À 200 % SUR LES MOSQUÉES ET À 0,1 % SUR LES GÉGÈNES.
-Biss-

LE PEN
LA CANDIDATE QUI
VOUS
RESSEMBLE
CHARB.

30 % DES FRANÇAIS EMBARQUERAIENT VOLONTIERS SUR LE "MARINE"
POUR UNE CROISADE SUR LES MERS DE SOUCHE
CATHERINE

LE PEN :
PILLEUSE D'ÉPAVE...
CHARB.

500 SIGNATURES
SI ON NE ME DONNE PAS LES MOYENS D'EN FINIR AVEC LA DEMOCRATIE ON NE VIT PLUS EN DEMOCRATIE !
PAS SÛR SI J'AI TOUT COMPRIS...
?
500 SIGNATURES ! OU JE ME RÉDIABOLISE TOUT DE SUITE !
ÇA PROMET...
ÇA Y EST: J'AI MES SIGNATURES !
ÇA S'ARROSE !
LA PEINE DE MORT POUR TOUT LE MONDE !

VIANDE HALAL : MARINE LE PEN ENFIN CRÉDIBLE !
SI JE SUIS ÉLUE…
…JE VOUS PROMETS UNE BONNE BOUCHERIE !

ÇA VIENT, CE 3e TOUR ?
MON PROGRAMME
cabu

cabu
ON VEUT DES DÉBATS DE FOND !

LES T-SHIRTS "MARINE LE PEN" FABRIQUÉS AU BANGLADESH
...TANT QUE LA CONNERIE RESTE MADE IN FRANCE
MARINE 2012
LE PEN VITE
LUZ

LE FN PEUT-IL ÊTRE CRÉDIBLE SANS BRASILLACH ? P. 5

29 FÉVRIER 2012 / N° 1028 / 2,50 €

CHARLIE HEBDO

SARKO AU SALON DE L'AGRICULTURE
LA BOUSE NE MENT PAS P. 2

NÉGAWATT
COMMENT ÉCONOMISER L'ÉNERGIE SANS ÉTEINDRE LA LUMIÈRE P. 8

CRISE
ATHÈNES, ANNÉE ZÉRO P. 11

OFFERTE PAR VOTRE MARCHAND DE JOURNAUX
L'affiche n°2 « 10 raisons de ne pas voter Sarko »

10 RAISONS DE NE PAS VOTER SARKO
N°2 L'IDENTITÉ NATIONALE
365 FROMAGES
1 SEULE ODEUR

UNE CAMPAGNE QUI PUE DE LA GUEULE

cabu

N° 1028 • FRANCE MÉTROPOLITAINE : 2,50 € - BEL/LUX : 2,80 € - AND : 2,50 € - ESP/PORT. CONT. : 3 € - DOM/A : 3,80 € - CH : 4 FS - CAN : 5,45 $C - NCAL/A : 660 F CFP - POL/S : 660 F CFP - TUNISIE : 5 TND

L 14057 - 1028 - F: 2,50 €

500 SIGNATURES
MARINE J'AI RÉCUPÉRÉ CELLE DE BRASILLACH
LUZ

LA CAMPAGNE, C'EST DU GÂTEAU !
FARINE
OEUFS
FOUR

KÄRCHER
OÙ EST-IL…
…LE KÄRCHER ?
RISS

REPORTAGE AVEC LES GUEULES D'ACIER DE FLORANGE P. 8
7 MARS 2012 / N° 1029 / 2,50 €
CHARLIE HEBDO
10 RAISONS DE NE PAS VOTER SARKO
N°3 L'IMMIGRATION
EN DIRECT DE LONDRES
HOLLANDE DRAGUE LES EXPATRIÉS P. 2
CHEMINADE
LE CANDIDAT QUI A PLUS DE PARRAINS QUE D'ÉLECTEURS P. 7
VISITE GUIDÉE
LA JOURNÉE DE LA FEMME PAR CATHERINE P. 15
OFFERTE PAR VOTRE MARCHAND DE JOURNAUX
L'affiche n° 3 « 10 raisons de ne pas voter Sarko »
LE PEN
LE PÈRE
LA FILLE
LE SAINT-ESPRIT
LUZ.
GUÉANT
www.charliehebdo.fr
N° 1029 • FRANCE MÉTROPOLITAINE : 2,50 € - BEL/LUX : 2,60 € - AND : 2,50 € - ESP/PORT. CONT. : 3 € - DOM/A : 3,50 € - CH : 4 FS - CAN : 5,45 $C - NCAL/A : 660 F CFP - POL/S : 660 F CFP - TUNISIE : 5 TND
L 14057 - 1029 - F: 2,50 €

J'ACCEPTE AUSSI LES SIGNATURES DE MAIRES HALAL !
LUZ

LES 500 SIGNATURES DE MARINE LE PEN...
Y A UN PEU PLUS, JE VOUS LE METS QUAND MÊME ?
CHARB.

ON N'EN A PAS FINI AVEC MARINE LE PEN...
2012
2022
2032
2052
cabu
...EN 2052 SEULEMENT, ELLE AURA L'ÂGE DE SON PÈRE AUJOURD'HUI !

TOULOUSE : L'ÉDITO DE BERNARD MARIS P. 3
21 MARS 2012 / N° 1031 / 2,50 €
CHARLIE HEBDO
10 RAISONS DE NE PAS VOTER SARKO
SONDAGES
LES MATHS AU SECOURS DE SARKOZY P. 8
IKEA
UN BARBOUZE BANQUIER À LA BRED P. 9
REPORTAGE
MÉLENCHON À LA BASTILLE P. 2
OFFERTE PAR VOTRE MARCHAND DE JOURNAUX
L'affiche n° 5 « 10 raisons de ne pas voter Sarko »
TUERIE ANTISÉMITE DE TOULOUSE
C'EST UN POINT DE DÉTAIL DE LA CAMPAGNE
LUZ
www.charliehebdo.fr
L 14057 - 1031 - F: 2,50 €

L'INSÉCURITÉ REVIENT DANS LA CAMPAGNE
JE REMERCIE MON CONSEILLER EN COM' !
FN
LUZ.

MARINE LE PEN PEUT CRÉER LA SURPRISE!
SURPRISE!
LUZ

LE CRAPAUD LÈCHE LE CUL DE LA PRINCESSE
EMBRASSE-MOI !
JAMAIS !
LUZ.

CHEZ LES ÉLECTEURS DU FN

J'IRAI CHERCHER LES VOIX DU FRONT NATIONAL AVEC LES DENTS !
RISS

Moi, je ne pouvais que voter blanc... blond, aux yeux bleus...

DÉJÀ TOUT PETIT, IL COPIAIT SUR SA PETITE CAMARADE...
TU N'ARRIVERAS MÊME PAS À REDOUBLER !
cabu

LE FN EN PLEINE MUTATION
LA VILAINE CHENILLE DEVIENDRA...
... UNE MERDE DE PAPILLON...
CHARB.

TROP COURT!
POUR DÎNER AVEC LE DIABLE, IL FALLAIT UNE CUILLÈRE LONGUET
cabu

HÉNIN-BEAUMONT :
ÇA SENT LA MORUE
JUSQUE DANS LE COEUR
DES FRITES
OUI,
LA FRANCE !
CATHERINE

FACHOPHILES, CHÔMEURS, CONSANGUINS, BIENVENUE CHEZ LES CH'TIS DU FN
CATHERINE

« CHARLIE » VOUS OFFRE LES PROCHAINS FAUX TRACTS DU FN P. 2
6 JUIN 2012 / N° 1042 / 2,50 €
CHARLIE HEBDO
www.charliehebdo.fr
LÉGISLATIVES
AUBRY SE PAIE MÉLENCHON P. 5
PROCÈS KERVIEL
LE PLAN COM DE LA SOCIÉTÉ GÉNÉRALE POUR TROMPER LES JUGES P. 7
FÉMINISME
PAS DE FEMMES À BARBE CHEZ LES FRANCS-MACS P. 12
GRÈCE
APRÈS LE FMI, LA GUERRE CIVILE P. 9
HÉNIN-BEAUMONT
MADONNA DÉFIE MARINE LE PEN
cabu
L 14057 - 1042 - F: 2,50 €

MADONNA VERSUS MARINE
ENFIN UNE JEANNE D'ARC QUI SE REBELLE
OUI, LA FRANCE
MARINE
CATHERINE

MARINE LE PEN CONTRE MADONNA
FN
MOI AUSSI J'ENVOIE MA PETITE CULOTTE DANS LA FOULE !

EURO 2012 : LA DREAM TEAM POUR FAIRE GAGNER LA FRANCE P. 2 13 JUIN 2012 / N° 1043 / 2,50 €

CHARLIE HEBDO

www.charliehebdo.fr

PORTRAIT
GENEVIÈVE FIORASO, MINISTRE ANTI-ÉCOLO P. 7

ATHÈNES
LE MÉLENCHON GREC AUX PORTES DE L'ACROPOLE P. 11

INTERVIEW
LE GROUPE JUSTICE, MUSICIENS ET DESSINATEURS P. 15

ENQUÊTE
EXIL FISCAL POUR LE PEINTRE PRÉFÉRÉ DE VILLEPIN P. 8

L 14057 - 1043 - F: 2,50 €

L'HÉRITIÈRE DE LA FORTUNE LE PEN
MON GRAND-PÈRE M'A LÉGUÉ DES GROS PLOUCS QUI PUENT...
TÉ! MARION, ON T'AIMEUH!
CHARB.

PLUTÔT LE BARBECUE QUE LA FUMETTE !
cabu

LE FN SE MAINTIENT PARTOUT
CHARB.

LE PÈRE, LA FILLE, LA PETITE-FILLE
CES FAMILLES QUI PONDENT DES GOSSES POUR TOUCHER LES ALLOCS !
RISS

HÉNIN-GROS CONS...
CHARB.

MARINE, C'EST PAS COMME JEAN-MARIE
DURAFOUR CRÉMATOIRE.
DURAFOUR MICRO-ONDES.
RISS

MARINE LE PEN A-T-ELLE DE L'HUMOUR ?
POUR LES BLAGUES, VOYEZ PAPA !
... CRÉMA-TOIRE !
LUZ

LE FN ENTRE À L'ASSEMBLÉE
CHACUN SON TOUR !
... CRÉMATOIRE
CATHERINE

valeurs communes

willem

Le Pen traite sa
bourgeoise et
des militants
le crâne rasé
fille de petite-
fait l'éloge
qui ont
Allez Mademoiselle Le Pen faites un effort !
MARINE
AUX
HONORÉ

FLORIAN PHILIPPOT VICE-PRÉSIDENT DU FN
MARINE LE PEN PROMEUT SON POULAIN
SUS AUX SARRASINS, JOLLY JUMPER!
LUZ

LE FN VEUT S'INSTALLER À PARIS
C'EST LÀ QUE LES TOCARDS QUI ONT VOTÉ POUR NOUS SONT LE MOINS NOMBREUX !
CHARB.

IL Y A 50 ANS, MARILYN...
AVEC LE FN ?
FEMMES FEMMES FEMMES
...AUJOURD'HUI, À L'UMP, C'EST 5 ANS DE RÉFLEXION...
C'EST DE LA PROVOCATION : «HOLLANDE A QUITTÉ...
...BORGNE-LES MIMOSAS» !
cabu

Marine Le Pen veut interdire le voile et la kippa dans
la rue...
Amen!
HONORE

QUI SE CACHE DERRIERE L'ISLAM RADICAL ?
TOUT BÉNÉF
FN

J'OUVRE GRAND MES BRAS...
FN
cabu

REPORTAGE À LA MANIF INTÉGRISTE ANTI-HOMOS P. 2
21 NOVEMBRE 2012 / N° 1066 / 2,50 €
CHARLIE HEBDO
JOURNAL IRRESPONSABLE
www.charliehebdo.fr
ÉCOLOGIE
LE DÉBAT BIDONNÉ SUR L'ÉNERGIE P. 9
APRÈS LA COUV POLÉMIQUE
LES CATHOS NOUS ÉCRIVENT P. 7
VENTES D'ARMES
LE MADE IN FRANCE NE PAIE PLUS P. 5
GRÈCE ANNÉE ZÉRO
LE DISPENSAIRE DES DAMNÉS DE LA CRISE P. 11
ET LE GAGNANT EST...
FN
UMP
UMP
cabu
N° 1066 ▸ FRANCE MÉTROPOLITAINE : 2,50 € - BEL/LUX : 2,80 € - ALLEMAGNE : 3,50 € - AND : 2,50 € - ESP/PORT CONT. : 3 € - DOM/A : 3,50 € - CH : 4 FS - CAN : 5,45 $C - NCAL/A : 660 F CFP - POL/S : 660 F CFP - TUNISIE : 5 TND
L 14057 - 1066 - F: 2,50 €

LE DRAME DE MARINE LE PEN
PAPA NE M'AIME PAS
IL A UNE GUEULE PAS CATHOLIQUE, CE PSY...
PAPA ME VOIT TOUJOURS COMME UNE GAMINE...
JE RÉCLAME LE RETOUR DE LA PEINE DE MORT ET L'EXPULSION DE TOUS LES ÉTRANGERS
...ET LA SUPPRESSION DES PETITES ROUES ARRIÈRE SUR LES VÉLOS D'ENFANTS
cabu

PAPA EST JALOUX DE MOI : J'AI FAIT UN MEILLEUR SCORE QUE LUI...
IL ME REPROCHE DE M'ÊTRE ENTOURÉE D'ANCIENS TRAÎTRES MÉGRETTISTES
ET DE NE PAS AIMER SES JEUX DE MOTS...
ARRÊTE, PAPA ! JE VEUX ÊTRE PRÉSIDENTE, MOI !
BLAGUES
JE SOUTIENS LES BASQUES !
ARRÊTE ! ON VA ÊTRE OBLIGÉS DE SOUTENIR LES CORSES AUSSI !
...ET SURTOUT D'AVOIR SOUTENU GILBERT COLLARD ...
PIERRETTE LE PEN
... QU'IL APPELLE "MAÎTRE CONNARD" DEPUIS LE TEMPS OÙ IL DÉFENDIT PIERRETTE...
cabu

DÉÇUS
DU
SARKOZYSME
DÉÇUS
DU
HOLLANDISME
HÔTESSE
D'ACCUEIL
ON AVANCE
ON AVANCE
LES BLEU-BITES!
cabu

QUE RESTE-T-IL DE LA GAUCHE ?
LA DROITE ET L'EXTRÊME DROITE !
-RISS-

FIN DU MONDE
FN
SAUVÉS PAR DES ROMS D'UNE AUTRE GALAXIE !
cabu

MARINE LE PEN N'IRA PAS À LA MANIF ANTI-MARIAGE HOMO
J'AI PAS ENVIE DE ME RETROUVER AVEC CES PÉDÉS DE L'UMP.
RISS.

Marine Le Pen s'énerve

TOUS POURRIS ?
NON, MOI SEULÉMENT UN PEU BLETTE...
F N
cabu

ELLE
RATISSE
LARGE
cabu

F N
ET JE DIS À SARKO : IL FAUDRA QUE TU ME PASSES SUR LE CORPS !
FN
cabu

YEN A MARRE DE CES ARABES QUI VIENNENT BOIRE L'EAU DES PISCINES DES FRANÇAIS !
RISS

RETROUVE-MOI
AU FOND DE LA PISCINE
DANS MON P'TIT PULL MARINE
...
CATHERINE

DISSOLUTION DES NÉONAZIS
MOI, NAZIE?
MOI, NÉO?
FN
LUZ

UMP
UN
CANARD SANS TÊTE
FN
JE FAIS DON
DE MA TÊTE
À LA FRANCE !
cabu

PAS DE CRÂNES RASÉS au FN
SEULEMENT ÉPILÉS !
RISS

REPORTAGE : UNE COLONIE MAROCAINE DANS L'OISE P. 8
12 JUIN 2013 / N° 1095 / 2,50 €
CHARLIE HEBDO
JOURNAL IRRESPONSABLE
CHARLIE HEBDO
BON APPÉTIT !
ENQUÊTE
GUÉANT, ROI DES MINES AFRICAINES
P. 2
GARDANNE
LA CENTRALE QUI FERA CRAMER LES CÉVENNES P. 7
TURQUIE
PRINTEMPS LAÏQUE À ISTANBUL
P. 5
BON APPÉTIT !
LE HORS-SÉRIE EN KIOSQUES
SKINHEADS ?
CONNAIS PAS !
CATHERINE
www.charliehebdo.fr
N° 1095 ▸ FRANCE MÉTROPOLITAINE : 2,50 € - BEL/LUX : 2,80 € - ALLEMAGNE : 3,50 € - AND : 2,50 € - ESP/PORT. CONT. : 3 € - DOM/A : 3,50 € - CH : 4 FS - CAN : 5,45 $C - NCAL/A : 660 F CFP - POL/S : 660 F CFP - TUNISIE : 5 TND
L 14057 - 1095 - F: 2,50 €

DUEL UMP-FN
À VILLENEUVE-SUR-LOT
DUEL? QUEL DUEL?
RISS

À LA PLACE DE CAHUZAC
NON AUX ESCROCS
OUI AUX FACHOS!
FN
cabu

LE FN DÉDIABOLISÉ

UN PAPA
DEUX MAMAS
FN
FN
cabu

COMME EN ÉGYPTE, BIENTÔT VOUS DEVREZ CHOISIR
L'ARMÉE OU LES BARBUS
cabu

SOLDES:
L'UMP, COMBIEN?
-RISS-

LA FRANCE DANS 25 ANS
LE PEN, VITE!
J'ARRIVE! J'ARRIVE!
CHARB.

NON À LA PMA
ENTRE LA DROITE LA PLUS BÊTE DU MONDE...
... ET LA DROITE LA PLUS IMMONDE
-RISS-

LE PROGRAMME DU FRONT NATIONAL
BIJOUX
MEURTRE
PATRIE
LUZ

LE FN PRÊT POUR LES MUNICIPALES
1er TOUR
2e TOUR

JE VOUS VEUX COMME ÇA!
UMP
QUAND VOUS SEREZ ÉLU MAIRE ET QUE VOUS SEREZ CONFRONTÉ AU PROBLÈME DU TRAITEMENT DES ORDURES...
...NE RÉPONDEZ PAS : "LES ORDURES Y A QU'À LES ENVOYER EN CAMP DE CONCENTRATION"...
FN

DORMEZ TRANQUILLE
ON N'EST PAS FACHO QUAND ON A 22 ANS ...
MARION MARÉCHAL-LE PEN
CATHERINE

Marine Le Pen
poursuivra ceux qui qualifient le FN d'extrême droite
Fais pas l'con ou j'vais devoir te traîner en justice !
FN

MARINE LE PEN
PRIX NOBEL
DE CHIMIE
CATHERINE

ALAIN DELON, PRÉSIDENT DU JURY DES MISS FRANCE, EST PRO-FN
C'EST LA SEULE CANDIDATE QUI ME FAIT BANDER
MISS EXTRÊME
LUZ

REPORTAGE : CES MUSULMANS QUI ADORENT JÉSUS P. 8
9 OCTOBRE 2013 / N° 1112 / 3 €
CHARLIE HEBDO
JOURNAL IRRESPONSABLE
MAISONS DE RETRAITE
UNE VIEILLESSE DANS LA CRASSE ET LE CHAOS P. 15
GRÈCE
LES ANTINAZIS DE LA DERNIÈRE HEURE P. 11
FN
MARINE LE PEN, EXTRÊME DROITOPHOBE P. 5
HORS-SÉRIE EN KIOSQUES
CHARLIE HEBDO
LA LAÏCITÉ C'EST PAR OÙ!
LAMPEDUSA
LA MÉDITERRANÉE ...
... APPLIQUE LE PROGRAMME DU FRONT NATIONAL
FN
RISS
www.charliehebdo.fr
L 14057 - 1112 - F: 3,00 €

MOSCOVICI D'ACCORD AVEC LE PEN
LA REPRISE EST LÀ !
PIB 0,2%
BRIGNOLES 54%
RISS

ON MANQUE DE POMPIERS
CHARB.

JO 2014 : QUEL PORTE-DRAPEAU POUR LA FRANCE ?
QUESTION IDIOTE
CATHERINE

OUI À L'INTERDICTION DU GAZ DE FA-SCHISTE
-RISS-

AYEZ PEUR_VOTEZ FN
(DÉSOLÉ, MUNCH...)

Y A BON BEAUJOLAIS NOUVEAU
CETTE ANNÉE IL A UN GOÛT DE BANANE...
CATHERINE

JE NE SUIS PAS D'EXTRÊME DROITE
LUZ